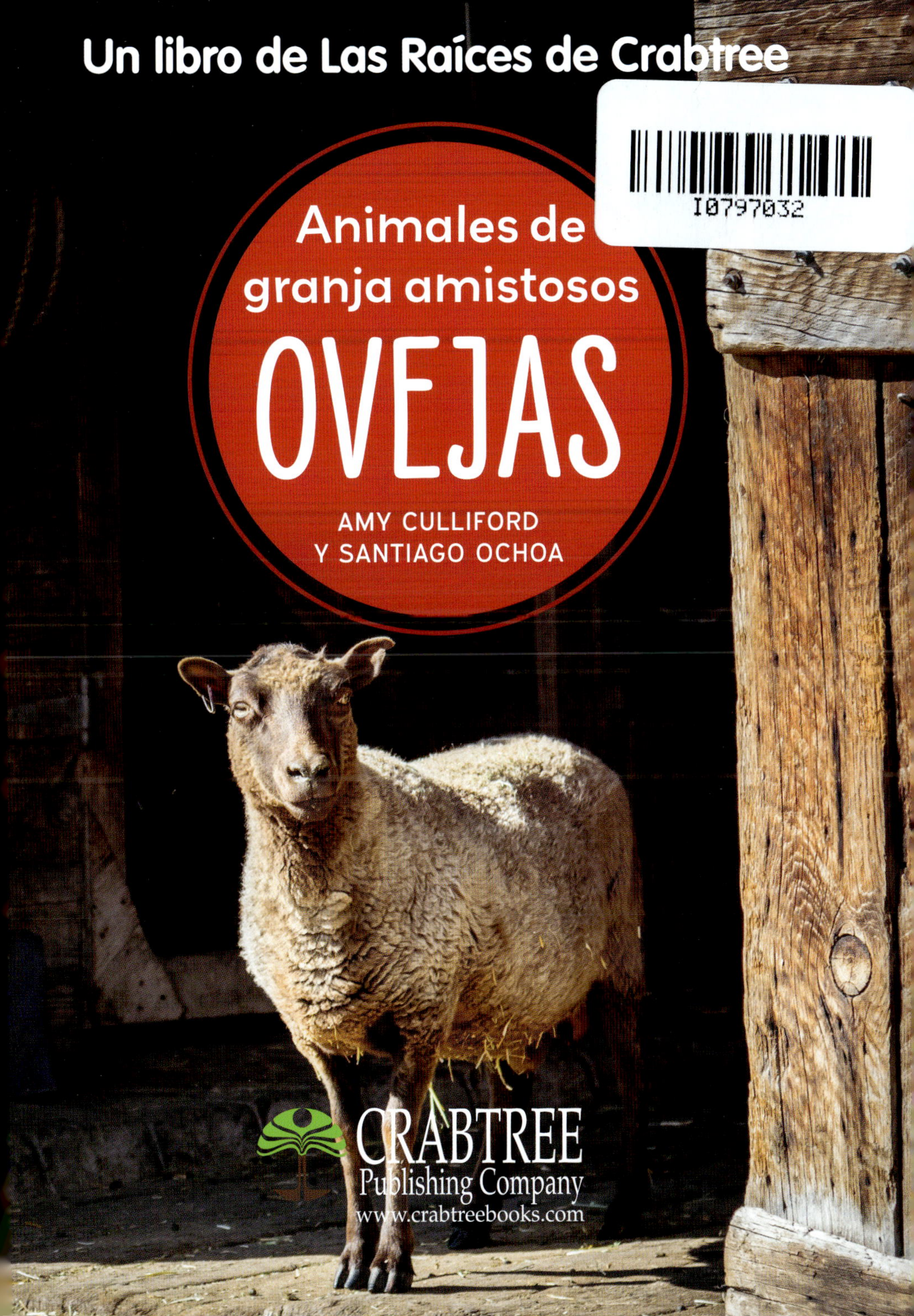
Un libro de Las Raíces de Crabtree
I0797032
Animales de granja amistosos
OVEJAS
AMY CULLIFORD
Y SANTIAGO OCHOA
CRABTREE
Publishing Company
www.crabtreebooks.com

Apoyos de la escuela a los hogares para cuidadores y maestros

Este libro ayuda a los niños a crecer al permitirles practicar la lectura. Las siguientes son algunas preguntas de guía que ayudan a los lectores a construir sus habilidades de comprensión. Las posibles respuestas están en rojo.

Antes de leer:

- ¿De qué creo que trata este libro?
    - *Este libro trata sobre las ovejas.*
    - *Este libro trata sobre las ovejas en las granjas.*

- ¿Qué quiero aprender sobre este tema?
    - *Quiero aprender qué sonido hace una oveja.*
    - *Quiero aprender de qué colores pueden ser las ovejas.*

Durante la lectura:

- Me pregunto por qué...
    - *Me pregunto por qué algunas ovejas son de diferentes colores.*
    - *Me pregunto por qué algunas ovejas tienen cuernos.*

- ¿Qué he aprendido hasta ahora?
    - *He aprendido que las ovejas viven en granjas.*
    - *He aprendido que las ovejas pueden ser grandes o pequeñas.*

Después de leer:

- ¿Qué detalles aprendí de este tema?
    - *He aprendido que algunas ovejas tienen cuernos.*
    - *He aprendido que las ovejas pueden ser de diferentes colores.*

- Lee el libro de nuevo y busca las palabras del vocabulario.
    - *Veo la palabra **cuernos** en la página 12 y la palabra **granja** en la página 5. Las demás palabras del vocabulario están en la página 14.*

Esta es una **oveja**.

Estas ovejas están en una **granja**.

Algunas ovejas
son grandes.

Algunas ovejas son pequeñas.

Las ovejas pueden ser blancas, cafés o negras.

Algunas ovejas tienen **cuernos**.

Todas las ovejas dicen *¡bee!*

Lista de palabras

Palabras de uso común

algunas
blancas
cafés
dicen
es
esta
estas
grandes
negras
o
pequeñas
pueden
ser
son
todas
una

Palabras para aprender

cuernos

granja

oveja

35 palabras

Esta es una **oveja**.

Estas ovejas están en una **granja.**

Algunas ovejas son grandes.

Algunas ovejas son pequeñas.

Las ovejas pueden ser blancas, cafés o negras.

Algunas ovejas tienen **cuernos**.

Todas las ovejas dicen *¡bee!*

Written by: Amy Culliford
Designed by: Rhea Wallace
Series Development: James Earley
Proofreader: Kathy Middleton
Educational Consultant: Christina Lemke M.Ed
Spanish Adaptations: Santiago Ochoa
Spanish Proofreader: Base Tres

Photographs: Shutterstock: NPDstock: cover (tl); Menna: cover (tr); Laurinson Crusoe: cover (b); Amy K. Mitchell p. 1; Pete Pahham: p. 3, 14; Zane Vergara: p. 4, 14; Natelle: p. 7; Alexey Stiop: p. 9; FooTToo: p. 10-11; wk1003mike: p. 12; fotorauschen: p. 13

Library and Archives Canada Cataloguing in Publication

Title: Ovejas / Amy Culliford y Santiago Ochoa.
Other titles: Sheep. Spanish
Names: Culliford, Amy, 1992- author. | Ochoa, Santiago, translator.
Description: Series statement: Animales de granja amistosos | Translation of: Sheep. | Translated by Santiago Ochoa. | "Un libro de las raíces de Crabtree". | Text in Spanish.
Identifiers: Canadiana (print) 20200413872 | Canadiana (ebook) 20200413899 | ISBN 9781427134479 (hardcover) | ISBN 9781427132840 (softcover) | ISBN 9781427132901 (HTML)
Subjects: LCSH: Sheep—Juvenile literature.
Classification: LCC SF375.2 .C8518 2021 | DDC j636.3—dc23

Library of Congress Cataloging-in-Publication Data

Names: Culliford, Amy, 1992- author.
Title: Ovejas / Amy Culliford y Santiago Ochoa.
Other titles: Sheep. Spanish
Description: New York, NY : Crabtree Publishing Company, [2021] | Series: Animales de granja amistosos - un libro de las raíces de Crabtree | Includes index. | Audience: Ages 4-6 | Audience: Grades K-1 | Summary: "Early readers are introduced to sheep and life on a farm. Simple sentences accompany engaging pictures"-- Provided by publisher.
Identifiers: LCCN 2020055687 (print) | LCCN 2020055688 (ebook) | ISBN 9781427134479 (hardcover) | ISBN 9781427132840 (paperback) | ISBN 9781427132901 (ebook)
Subjects: LCSH: Sheep--Juvenile literature. | Livestock--Juvenile literature.
Classification: LCC SF375.2 .C8518 2021 (print) | LCC SF375.2 (ebook) | DDC 636.3--dc23
LC record available at https://lccn.loc.gov/2020055687
LC ebook record available at https://lccn.loc.gov/2020055688

Crabtree Publishing Company
www.crabtreebooks.com 1-800-387-7650

Printed in the U.S.A./022021/CG20201204

Published in the United States
Crabtree Publishing
347 Fifth Avenue, Suite 1402-145
New York, NY, 10016

Published in Canada
Crabtree Publishing
616 Welland Ave.
St. Catharines, Ontario L2M 5V6